O ALUNO, O PROFESSOR, A ESCOLA
Uma conversa sobre educação

CELSO ANTUNES
RUBEM ALVES

O ALUNO, O PROFESSOR, A ESCOLA
Uma conversa sobre educação

PAPIRUS 7 MARES

Capa	Fernando Cornacchia
Coordenação	Ana Carolina Freitas
Transcrição	Nestor Tsu
Edição	Aurea Guedes de Tullio Vasconcelos e Beatriz Marchesini
Diagramação	DPG Editora
Revisão	Elisângela de Freitas Montemor e Isabel Petronilha Costa

Dados Internacionais de Catalogação na Publicação (CIP)
(Câmara Brasileira do Livro, SP, Brasil)

Antunes, Celso
    O aluno, o professor, a escola: Uma conversa sobre educação/
Celso Antunes, Rubem Alves. – 3ª ed. – Campinas, SP: Papirus
7 Mares, 2017. – (Coleção Papirus Debates)

ISBN 978-85-9555-005-6

1. Diálogo 2. Educação 3. Educação – Finalidades e objetivos
I. Alves, Rubem. II. Título. III. Série.

17-06618   CDD-370.11

Índice para catálogo sistemático:
1. Educação: Finalidades e objetivos: Tertúlia   370.11

3ª Edição – 2017

A grafia deste livro está atualizada segundo o Acordo Ortográfico da Língua Portuguesa adotado no Brasil a partir de 2009.

Proibida a reprodução total ou parcial da obra de acordo com a lei 9.610/98.
Editora afiliada à Associação Brasileira dos Direitos Reprográficos (ABDR).

DIREITOS RESERVADOS PARA A LÍNGUA PORTUGUESA:
© M.R. Cornacchia Livraria e Editora Ltda. – Papirus 7 Mares
R. Dr. Gabriel Penteado, 253 – CEP 13041-305 – Vila João Jorge
Fone/fax: (19) 3790-1300 – Campinas – São Paulo – Brasil
E-mail: editora@papirus.com.br – www.papirus.com.br

SUMÁRIO

Formar o professor para "trans"formar a escola 7

Professor de espantos 11

O ensino de valores na escola 17

Como o professor cria a fome de aprender? 23

A educação da sensibilidade 29

A ousadia de pensar 35

O papel da literatura 43

O aprendizado da autonomia 53

O *bullying* na escola 57

Uma porta estreita 69

Glossário 77

N.B. Na edição do texto foram incluídas notas explicativas no rodapé das páginas. Além disso, as palavras em **negrito** integram um **glossário** ao final do livro, com dados complementares sobre as pessoas citadas.

Formar o professor para "trans"formar a escola

Celso Antunes – Antes de tudo, gostaria de dizer que sempre fui um grande admirador seu, Rubem. Há muito tempo leio, devoro seus textos. E quando acontece – imagine só! – de o confundirem comigo, me sinto profundamente lisonjeado! Mas a vida nunca nos havia proporcionado um bate-papo. Já nos vimos em diversas ocasiões, aqui e ali, em palestras, eventos, mas mal tínhamos tempo para uma saudação, uma troca rápida de palavras. Esta oportunidade que a Papirus me dá, de participar deste livro com você, neste momento, representa um presente de uma dimensão indescritível para mim.

Rubem Alves – Não posso deixar de lhe dizer que também gosto muito de você, Celso, admiro-o muito mesmo. E há um ponto que sem dúvida nos aproxima: há anos que ambos temos falado de um assunto pelo qual somos, inegavelmente, apaixonados, um assunto que nos arrebata: a educação. Então, para dar início ao nosso debate, pergunto: O que você acha da situação da escola hoje?

Celso – Veja, um indivíduo não pode exercer a medicina, por exemplo, se não fizer residência, que é o modo pelo qual ele adquire a vivência da prática médica, acostuma-se a transitar entre os pacientes, aprende a lidar com os parentes da pessoa que está doente, convive com a morte... Assim, quando ele entra no campo de trabalho, tem pelo menos uma experiência vivencial. Penso que falta algo parecido com isso no magistério: uma vivência que dê ao professor condições de, ao iniciar uma atividade, levar em sua bagagem um pouco mais do que a simples lembrança de alguns bons professores que teve. Não sei se a solução seria um tipo de "residência" para esse professor, ou não. Isso talvez seja inviável. Mas eu fui, durante muitos anos, diretor de escola. Diariamente, eu recebia pedidos de pessoas: "Olhe, professor Celso, tenho um amigo que está terminando a faculdade e tem de fazer estágio. Se eu deixar a papelada na mesa, o senhor assina?". E grande parte dos professores acaba entrando para o exercício da atividade sem ter tido a experiência concreta dessa realidade. Aí, o que acontece? Eles vão ministrar aulas tendo como referência aqueles professores que, em alguma etapa da escola ou da faculdade, foram seus modelos, mas são modelos de outro contexto, de outro momento, para outro tipo de realidade. E, consequentemente, o que se tem são professores despreparados, com raras ou quase nenhuma experiência prática.

Então, como transformar a escola? Creio que o primeiro passo é transformar, de maneira coerente e consistente, o processo de formação do professor, senão teremos uma escola transformada arquitetonicamente, mas não uma sala de aula transformada em suas vivências e práticas.

Rubem – Eu tomo como mote um versinho da **Adélia Prado**. Ela diz: "Não quero faca nem queijo. Quero a fome".[*] As crianças naturalmente têm fome, só que não é fome das coisas que os programas escolares determinam que elas comam, pois essas lhes causam desinteresse. Mas basta que se coloque diante das crianças alguma coisa que as provoque, alguma coisa que tenha a ver com a vida delas, e sua atitude é outra.

Eu me lembro de uma carta que recebi de um menino há muitos anos. Ele dizia: "Querido Rubem Alves, li seu livro *O patinho que não aprendeu a voar*. Aprendi que liberdade é a gente fazer aquilo que a gente deseja muito. Eu quero ser livre. Tenho uma professora que é um barato. Ela manda a gente ler seus livros e grifar os encontros consonantais e os dígrafos". Aí eu levei um susto, porque não sei o que é um dígrafo, não sei o que faço com um dígrafo. Quer dizer, o conhecimento fica na memória quando, de alguma maneira, o indivíduo é fascinado por aquilo.

---

[*] Versos extraídos do poema "Tempo", em *Poesia reunida*.

Já contei a história de uma menininha que me visitou – foi uma experiência e tanto para mim! Eu estava mexendo com marcenaria, e, quando ela viu uma porção de ferramentas, ela me submeteu a um interrogatório. Ela nunca tinha visto aquelas ferramentas, mas, naquele momento, surgiu a fome... Acho que a grande tarefa do professor é aquilo que já comentei a respeito do que a Adélia dizia: "Não quero faca nem queijo. Quero a fome". Porque se eu tiver faca e queijo, mas não tiver fome, não como. Mas se eu tiver fome e não tiver faca nem queijo, dou um jeito de arranjar o queijo e a faca. Então, a grande tarefa do professor é criar fome nas crianças e não simplesmente papaguear o programa. Esse é o grande problema dos programas que já vêm prontos.

Celso – Concordo inteiramente com você, Rubem. E penso o seguinte: os professores em geral usam excessivamente o ponto de exclamação, levam para a sala de aula os recados prontos, as informações definitivas, absolutas. E quando, em vez de levarem o resultado pronto, eles substituem o ponto de exclamação pelo ponto de interrogação, o que fazem é acender a curiosidade, despertar a vontade, ou seja, provocar a fome. Um professor que dá um conceito está muito distante daquele outro que sugere possíveis caminhos para se descobrir esse conceito. E é exatamente isto: é despertar no aluno esse sentimento de fome e não simplesmente dar o queijo e dizer "coma". Talvez essa metáfora indique uma maneira de pensar em como podemos transformar a escola, já no processo de formação do professor, de acordo com o modelo que concebemos.

Professor de espantos

Rubem – Sabe, Celso, um dia me perguntaram se a aprendizagem pode ser prazerosa. Acho que pode ser prazerosa *também*, mas nem sempre aprender é divertido. Há muitas coisas na vida que aprendemos de maneira dolorosa. Por exemplo, depois que fiquei velho, aprendi que preciso ser extremamente cuidadoso quando estou saindo do banho, pois o piso é muito liso. Já aprendi então que, se eu bobear, eu me estatelo no chão e quebro a perna. A vida não é feita só de coisas boas: ela é feita de coisas boas e de coisas perigosas.

Escrevi um livrinho publicado pela Papirus cujo título é *Vamos construir uma casa.* Um de seus capítulos é dedicado às coisas perigosas que existem numa casa. Ali exploro a ideia de um currículo todo baseado na casa. As questões de física, química, biologia, tudo é baseado na casa. E há um capítulo dedicado às coisas dolorosas... Considero que esse princípio de que aprender é "prazeroso" não pode ser absoluto. O prazer faz parte, mas, se a pessoa vai cozinhar, por exemplo, ela pode fazer um frango com quiabo delicioso, que é muito bom; entretanto, se bobear, ela queima a mão. Então as duas coisas estão ligadas aí, e é necessário aprender também com a dor.

Conto aqui, para ilustrar, um episódio que aconteceu comigo: sou velho, mas, há uns quatro anos, eu era velho e não sabia, não acreditava ou não admitia. Eu tinha uma casinha no alto da serra e fui lá trocar um bujão de gás. Forte, sentindo-me o próprio Tarzan, peguei o bujão de gás com a mão esquerda, levantei forte e *crac*! Acabei tendo que usar bengala ou cadeira de rodas por vários meses!

Celso – Não havia prazer nisso, mas você aprendeu pela dor. E quantas vezes o tombo não nos ensina maneiras de evitá-lo!? Foi doloroso, mas nem por isso deixou de ser uma aprendizagem.

Rubem – Vou lhe contar outra experiência pessoal. Certa vez, eu estava com uma terrível cólica renal, uma dor infernal. Os médicos já tinham me dado seis comprimidos de um remédio que eles costumam usar para isso e não havia nada que fizesse passar a dor. Aí um médico disse para a enfermeira aplicar uma injeção de outro medicamento. Eu não conhecia aquele remédio, mas cinco minutos depois eu estava no paraíso absoluto. Então me dei conta de uma coisa curiosa: nós não percebemos a felicidade que é simplesmente não ter dor. Não se trata da felicidade por causa disso ou por causa daquilo, mas simplesmente a felicidade de não ter dor...

Celso – O que ratifica aquilo que você disse, não é verdade? Quer dizer, você só percebeu a felicidade de não sentir dor porque teve dor e então aprendeu essa felicidade pelo sofrimento. Nem sempre aprender é prazeroso. Gosto de passear por *shoppings* e sei que nada compro, aprendi como é delicioso não precisar de nada.

De todo modo, gosto muito mais do que não sei do que de tudo o que sei. Porque o que não sei é desafio, é aventura, é caminhada, é busca, é esperança, é descoberta, me faz acordar de manhã com vontade. E as coisas que eu sei são sedimentos acumulados. Eu sei – que bom que eu sei! Posso até, eventualmente, transformar aquele saber num rendimento, num valor, mas as coisas que sei são mortas, e as coisas que não sei e tenho vontade de saber são muito vivas.

Rubem – É verdade, aquilo que não sabemos é um desafio, é um ponto no horizonte, indica-nos uma direção para onde ir. Se estamos no mundo das coisas que sabemos, ficamos chatos, porque não fazemos nada além de repetir as coisas.

Realmente, aquilo que não sabemos é um desafio. Um bom livro é aquele que ainda não lemos, porque então vamos entrar num mundo desconhecido. Aliás, isso fez com que eu me lembrasse de uma coisa: reclamam sempre que as crianças e os adolescentes não gostam de ler, que não sabem ler. Por quê? Oferecem para as crianças e para os adolescentes livros que não oferecem desafio. Estou pensando em criar um novo tipo de professor, ao qual dei o nome de "professor de espantos". O professor de espantos não ensina saberes. Ele educa o olhar. O professor mostra: "Olhe, veja como é fascinante...".

Lembrei-me de que **Nietzsche** disse que a primeira tarefa da educação é ensinar a ver...

Celso – Concordo, penso exatamente isso. Meu sonho, que provavelmente nunca verei concretizado, é que os professores, principalmente os das séries iniciais, na educação infantil, ensinem isso de que você está falando, Rubem, ensinem a *ver*. Porque olhar é função biológica, não é necessário aprender a olhar. Olhar é uma condição que se conquista pelo próprio processo evolucionista da espécie. Mas ver é uma preciosidade. O mesmo acontece em relação a dizer: não é preciso aprender a dizer. A partir de determinada idade, a criança começa a juntar as palavras, a construir frases. Mas *falar* é diferente, muito diferente de apenas dizer.[*] Para falar com poesia, ou com profundidade, é preciso selecionar as palavras. As escolas não ensinam as crianças a *ouvir* porque partem do pressuposto de que ninguém precisa aprendê-lo. Mas ouvir não é a mesma coisa que escutar. Isso que você está falando é muito precioso. Quer dizer, de que vale este jardim em que nós estamos, com todos os seus mistérios e milhares de surpresas em cada canto, para uma pessoa que apenas olha, para uma pessoa que não conhece realmente a delícia que é ver!? Penso exatamente isso. Esse é um caminho que a educação poderia trilhar e que nos

---

[*] Cf. *Jogos para bem falar: Homo sapiens, homo loquens*, de Celso Antunes (Papirus, 3ª ed., 2007).

remete àquele tema inicial: uma escola verdadeiramente capaz de se transformar e de ser prazerosa.

Rubem – Acrescentando uma coisinha ao que você disse, Celso, durante muito tempo tive o sonho de criar uma escola para a *educação dos sentidos*, para ensinar os olhos. Em algum lugar em que estive, não me lembro onde, havia uma exposição sobre os sentidos. E, muito curioso, fui vê-la. Mas na verdade não se tratava de uma exposição sobre os sentidos, o que havia era a descrição dos órgãos dos sentidos: a anatomia do olho, do nariz, do ouvido... O olho não é o olhar, o ouvido não é o ouvir, a pele não é o tocar.

Celso – Exposição dos sentidos? Era uma exposição de biologia!

Rubem – Isso mesmo, exposição de aspectos da biologia humana. Não querendo desmerecer o evento, sem dúvida não se tratava da experiência transformadora de que estamos falando e que tanto desejamos.

O ensino de valores na escola

Rubem – Agora, Celso, me diga: o que você pensa sobre a educação infantil? O que você acha que a escola e os professores poderiam fazer e não estão fazendo?

Celso – Penso que existe de maneira generalizada a ideia de que pais e professores que têm condutas éticas transmitem isso automaticamente aos filhos. Portanto, formar a criança em valores seria simplesmente propiciar a ela a convivência com pessoas que os praticam, supondo que ela adquiriria os valores por osmose.

Não creio que seja assim. Acho que ensinar valores envolve momentos explícitos e espaços definidos. Guardando-se as devidas proporções, porque há uma grande diferença, creio que assim como o ensino de conceitos ou conteúdos conceituais sobre história, geografia ou ciências envolve um momento, um aparato e uma circunstância determinados, a mesma coisa, penso, ocorre com o ensino da honestidade, da bondade, da solidariedade, entre tantos outros valores.

Não costumo ver isso nas escolas. Quando entrevisto uma coordenadora, uma diretora, uma professora, e pergunto sobre a formação desses valores, é comum ouvir: "Sem dúvida, a nossa escola prepara a criança em valores". Se insisto: "E em que momento essas aulas são ministradas?" (Claro, não quero me referir a uma aula padronizada, em que o professor vai colocar na lousa conteúdos a respeito de valores como o faria se estivesse falando sobre o descobrimento do Brasil. Mas eu queria sentir que o tema em questão se faz especialmente presente, tem destaque na vida da escola.) A resposta mais frequente é: "Em todos os momentos".

Penso que não deveria ser assim. Acho que é necessário criar um determinado espaço para que esses valores sejam ensinados. Claro, por meio de metáforas, de interrogações, de proposições e desafios. Volto a dizer, não da maneira convencional, mas também não na simples suposição de que valores se conquistam por osmose, de que viver ao lado de pessoas justas nos torna justos, ou de que viver ao lado de pessoas bondosas nos torna bondosos. Creio que a escola precisaria repensar a pedagogia dos valores e de que maneira efetivamente desenvolver essa questão dentro de uma condição não protocolar, mas que fosse efetivamente marcada. Vamos deixar de lado o pensamento ingênuo e simplista de que os valores brotarão na vida da criança como um dia brotará o dente do siso. São raras, mas extremamente bem-sucedidas, as experiências que vivenciei com o verdadeiro ensino prático de valores.

Rubem – Acabei de aprender com você, Celso. Sempre pensei numa coisa mais informal, acreditando que os valores eram aprendidos por osmose. Isso tem a ver um pouco com a minha própria experiência. Aprendi muito lendo biografias de pessoas que eu admirava. E à medida que eu ia lendo, ia admirando, amando, identificando, introjetando... Ao contar a história de sua transformação espiritual, **Gandhi** diz que ela foi possível graças a um livro. Isso ocorre quando a pessoa lê o livro não para fazer uma prova, mas simplesmente para saboreá-lo.

O poeta **Murilo Mendes** fala sobre a antropofagia na leitura, que as palavras são para ser comidas. Eu diria uma coisa parecida: que o aluno, de alguma maneira, também "come" os professores. Eu tenho uma experiência para contar, algo que aconteceu com meu filho. Ele fazia biologia na Universidade de Londrina e odiava a matéria bioquímica. Aí ele se transferiu para a Unicamp e foi aluno do professor Avelino, de bioquímica, de quem se tornou amigo. E o que aconteceu? Ele começou a gostar de bioquímica, e terminou por fazer mestrado e doutorado nessa área. Por causa da amizade com o professor, ele terminou por ficar amigo de bioquímica.

Já me referi àquele livro que escrevi: *O patinho que não aprendeu a voar*. Um pai comprou esse livro para o filho e, no dia seguinte, voltou à livraria furioso: "Comprei um livro para crianças e no final ele fez o meu filho chorar!". Foi devolver o livro. Ele não percebeu que o filho estava se identificando com o destino do patinho que não aprendeu a voar. Se não descobrirmos um jeito de envolver a emoção, não haverá a experiência de transformação.

Celso – Isso que você disse despertou-me uma lembrança. Eu era aluno da faculdade, e o meu professor de cartografia era um ex-oficial alemão que, depois de fugir do nazismo, veio dar aula no Brasil, na USP. Ele falava muito mal o português, apenas o suficiente para ser entendido. Um dia, tendo visto o mapa que eu tinha traçado, esculachou meu desenho: "Isto aqui não *prrresta* para nada". E eu, usando de ironia, disse: "Mas, professor, este desenho está me parecendo primoroso". Ele parou atônito, arregalou os olhos e repetiu: "*Primorrroso. Que palavra mais bonita! Prrrimor! Prrrimoroso!*". A verdade é que o desenho não estava primoroso (*risos*). Enfim, ele agia de acordo com o que você falou, Rubem, ele antropofagicamente "comeu", deglutiu a palavra. Naquele momento, senti que ele devorou e gostou daquela palavra dita de maneira espontânea e sem nenhuma pretensão. Provavelmente a partir daí passou a empregá-la quando possível.

Rubem – Você já escreveu sobre isso?

Celso – Não, nunca escrevi. Lembrei-me agora desse fato.

Rubem – Essa coisa do "lembrar disso" é algo que não costumamos cultivar na literatura. São as pequenas coisas, aquelas a que dou o nome de "badulaques". Isso que você contou agora valeu por uma aula.

Celso – Então... É o comer as palavras.

Rubem – Aliás, interessante. Quando eu estava no grupo, no ginásio, era obrigatório ler biografias. Não sei se você teve essa experiência. O processo de ler me inspirava tanto! Eu me lembro de que, ao ler sobre um cientista medieval, que mexia com botânica, comecei a organizar cadernos de botânica, constituídos de galhos e flores, apenas por prazer, imitando aquela pessoa que eu estava admirando. Admirar, essa palavra é *primorosa*...

Celso – Uma palavra que acho belíssima, que tem força de expressar o que pretende, é *carícia*. Imagine dar um sentido diferente a essa palavra, empregando carícia como agressão, palavrão: É lá isso possível? Claro que não! Parece que toda a sonoridade dela induz ao afago. Então, é realmente uma palavra muito bonita. Em contrapartida, existem outras horríveis. Por exemplo, uma palavra que acho horrorosa é *fronha*. Parece doença, algo talvez como um defeito moral. Não é uma peça de um quarto: "Arrume a fronha". Acho que fronhas não podem ser arrumadas com esse nome horroroso.

Rubem – *Escalafobético*...

Celso – Essa palavra, escalafobético, não poderia se referir a algo bonito. Outra palavra absolutamente impossível é *estampido*. Ela dá a sensação de que a bala caiu sonolenta do cano do revólver, e não aquele sentido da explosão, do tiro. Trata-se disso que você estava dizendo, Rubem. É esse comer as palavras, esse refletir sobre elas que o professor precisa ensinar.

Rubem – Porque a palavra nos introduz num mundo diferente, que nos surpreende. E, ao entrarmos nesse mundo, somos tocados, nossa carne é tocada! Acho que o segredo de ensinar as questões éticas é esse tocar... É coisa evangélica: "O Verbo se fez carne".* É preciso que as palavras façam amor com o aluno. Esse "fazer amor" acaba criando novas atitudes, novas maneiras de ser e de pensar. É lógico que o que toca as crianças e as pessoas não são as mesmas coisas. **Gabriel García Márquez** tem um ensaio sobre as diferenças. Ele diz algo assim: coloque numa sala, de maneira desordenada, objetos de todos os tipos: livros, ferramentas. Solte as crianças na sala e não diga nada. Dentro de poucos minutos, já estarão formados os grupinhos.

Celso – Das aptidões mecânicas, das aptidões artísticas...

Rubem – Aí reside o problema da escola tradicional, que é baseada na filosofia da linha de montagem: todas as crianças têm de aprender as mesmas coisas, com a mesma velocidade.

Se considerarmos a possibilidade de responder à demanda das crianças, o problema é que o professor então não poderá mais "preparar" a aula, porque não sabe muito bem o que vai acontecer, qual é a curiosidade que vai mover o aluno. Quando surge uma situação nova, em que a criança faz uma pergunta cuja resposta ele desconhece, a solução a que recorre o professor é dizer: "Isso não é do programa de agora, é do 3º ano".

---

* Evangelho de João, capítulo 1, versículo 14.

Como o professor cria a fome de aprender?

Celso – Rubem, você acha que os professores sabem lidar com essa diversidade de habilidades e objetivos dos alunos, de que estávamos falando há pouco? Como o educador contribui para a fome de saber de seus alunos? Ele é orientado para isso na universidade? A universidade está preparada para lhe proporcionar tal formação?

Pergunto isso porque considero que você pode responder a essas questões muito melhor do que eu, pois sua experiência de vida acadêmica é muito intensa, profunda. Eu não saberia dizer se a universidade está preparada, ou não, para formar esse novo professor que se pretende capaz de transformar a escola. Eu teria de recorrer a minhas lembranças dos meus tempos de faculdade e, eventualmente, a uma ou outra recordação do período em que fui diretor de uma faculdade privada (o que é bem diferente do funcionamento das grandes instituições de ensino superior). Por isso gostaria de ouvi-lo a esse respeito.

Rubem – Há determinadas áreas ou profissões em que não basta simplesmente querer para poder. Eu quis muito ser pianista. Por algum tempo, estudava cinco horas por dia. O resultado era absolutamente medíocre. Mas havia na minha cidade um menino, sete anos mais novo do que eu, que nasceu sabendo. Estou falando sério, ele nasceu sabendo. Aí começo a pensar em mundos platônicos e que o indivíduo vem de outro mundo já sabendo... Porque, aos três anos de idade, sem que ninguém lhe ensinasse, ele se sentou diante de um piano e tocou. Ele se chama **Nelson Freire** e é considerado um dos maiores pianistas do mundo. Seus professores, depois de uma semana, confessavam: "Não tenho condições de ensinar esse menino, porque ele já sabe todas as coisas". E pensei que a mesma coisa deveria acontecer com os professores, não sei... Os educadores são como poetas: não há jeito de ensinar poesia. Eles podem facilitar, aprimorar, mas ensinar a sensibilidade poética, não acredito que seja possível. Não é possível ensinar a sensibilidade. Pode-se criar um "pianeiro". Eu fui um "pianeiro", mas abandonei, desisti. A mesma coisa ocorre com o professor.

Então, nessas áreas, é preciso um exame de aptidão. Fiquei pensando num exame que, não fosse a impossibilidade por causa do problema de tempo, consistiria no seguinte: colocar umas 15 crianças numa sala, pôr o candidato a professor lá dentro com as crianças, sair e fechar a porta. Não lhe diríamos nada e ficaríamos espiando, escondidos, para ver o que ele faria. Se ele ficasse parado, sentado, meditativo, só olhando – bem, esse não serviria. Se ele se enturmasse com os alunos, esse teria aptidão. Quer dizer, creio muito nisso, é um olhar meio holístico, segundo o qual a capacidade de ensinar vem da vontade de ensinar; é preciso ter vontade de ensinar, é preciso amar aquilo. Agora, como a escola ensina isso ao professor... Realmente não sei.

Celso – Rubem, vivi uma experiência curiosa. Coloquei várias crianças de quatro a cinco anos numa sala e, sem que elas soubessem, sua reação estava sendo filmada. Demos a cada uma delas um chocolatinho, dizendo o seguinte: "Vamos marcar três minutos; durante esse tempo, você não pode morder o chocolate. Se mordê-lo, não acontece nada com você. Mas, se depois de três minutos, nós entrarmos na sala e você não o tiver mordido, você ganha um segundo chocolate". E saímos da sala. Algumas, muito conformadas, punham o chocolate embaixo da carteira e esperavam passar os três minutos. Outras abriam o chocolate, cheiravam, lambiam, e havia ainda as que não resistiam e davam uma mordidinha. Assim, nós pudemos identificar entre elas as mais ansiosas, inquietas e as mais calmas, passivas. Terminada a experiência, elas puderam comer o chocolate; todo mundo ganhou e não se falou mais nisso.

Oito ou nove meses depois, fomos observar o desempenho desses alunos nos resultados de suas atividades escolares. Aqueles mais ousados, os mais impacientes, os que procuravam "driblar" as regras dando uma lambida e depois embrulhando o chocolate, eram alunos muito melhores, se saíram muito melhor do que os que passivamente cumpriram as regras de maneira estática, deixando o chocolatinho guardado embaixo da mesa. O que ratifica isso que você estava dizendo, Rubem. Em outras palavras, não sei exatamente como, mas as universidades precisariam descobrir uma maneira de perceber essas pessoas mais insatisfeitas, mais inquietas, para lhes ensinar essa sensibilidade. Porque, para ensinar informações conceituais comuns, não faltam boas experiências metodológicas e métodos diversos.

Rubem – Posso dar uma mordida? Quero dar uma mordida... É que há aqui um chocolate que está me incomodando! A mordida é a seguinte: quem bolou essa experiência, foi você?

Celso – Essa experiência se originou de outra que foi feita na Inglaterra, mas com uma finalidade diferente. Lá, o que se pretendia era verificar quem tinha maior capacidade de controlar seus sentimentos, suas emoções. Simplesmente isso. Não atrelava a experiência ao desempenho escolar que fui buscar depois de oito ou nove meses observando os alunos. Mas a ideia original na qual me baseei foi essa.

Aliás, a própria criatividade é impulsiva por natureza, não é verdade? Não creio que possa existir alguém muito criativo e que seja excepcionalmente sistemático. É difícil pensar numa pessoa rigorosamente sistemática, padronizada, como uma pessoa criativa.

Rubem – Tenho um pequeno quadro, em ponto-cruz, que me deram de presente certa vez, em que se lê: "Deus abençoe esta bagunça" – gosto muito dele. Nietzsche dizia que: "É preciso ter um caos dentro de si para dar à luz uma estrela cintilante".[*] Que coisa maravilhosa! Nietzsche provoca em

---

[*] Friedrich Nietzsche, *Assim falou Zaratustra*.

mim uma grande perturbação pelo filósofo fantástico que é. As crianças também... Para confirmar o que você disse, Celso: "Deus abençoe esta bagunça"! Quando ganhei o quadrinho com essa frase, escrevi o texto "Casas que emburrecem", não sei se você o conhece. Nas casas muito bem organizadas, está tudo assentado, tudo é sabido. Nela não se fazem coisas diferentes, ela não propõe desafios.

Celso – Aliás, você sabe que outro dia, na Bienal do Livro, uma professora me disse: "Professor Celso, eu amo o senhor. Aquele seu artigo sobre eucaliptos e jequitibás é minha paixão!". Respondi: "Minha filha, vou encontrar com o Rubem e transmitirei a ele seu recado, mas eu não sou o autor desse texto". Isso acontece muito. Uma vez, em Fortaleza, uma educadora disse: "Professor Celso, tenho tanta admiração pelo senhor que, quando meu pai quis jogar fora um livro, eu disse a ele: 'Jogue tudo mais, só não jogue os livros de **Celso Furtado**'" (*risos*).

Rubem – Estou em processo de mudança e dei a uma universidade de Curitiba 20 caixas de livros... Dei várias coisas recentemente, mas há alguns livros e objetos, no entanto, que não dou...

Celso – Sabe o que eu acho? Que, realmente, você deve estar pensando que esta conversa está saindo dos parâmetros e *Deus abençoe esta bagunça* (*risos*). É isso mesmo, não temos que seguir parâmetros.

A educação da sensibilidade

Rubem – A Unesco preparou um relatório sobre os pilares da educação no século XXI: aprender a aprender, aprender a fazer, aprender a conviver e aprender a ser. Para mim, na questão do "conviver", do "viver com" é que está o início do sentimento de ética, porque a ética surge quando sou capaz de pensar o sentimento do outro.

Um dia, lá em casa, minha neta de 11 anos estava à mesa, almoçando. Repentinamente, ela se levantou, foi para a sala e começou a chorar; aliás, já tinha saído da mesa chorando. Aí eu me levantei e fui conversar com ela. Perguntei-lhe o que estava acontecendo. Ela respondeu: "Vô, não posso ver uma pessoa sofrendo sem que meu coração fique junto dela".

Fiquei assombrado com a capacidade que ela tinha de perceber... "Meu coração está junto do dela." Essa capacidade de se colocar no lugar do outro é a base de tudo: a base da civilização, da sociedade, a base da ética, da bondade. Essa é uma questão que não é bem tratada nas nossas escolas. As nossas escolas trabalham muito com aquilo que chamo de "caixa de ferramentas" – as competências úteis –, mas não trabalham a sensibilidade em relação às outras pessoas.

Uma vez, numa noite chuvosa, eu estava voltando para casa por volta das dez da noite, fazia frio... Na esquina vazia havia duas crianças, um menino e uma menina, pedindo coisas. Olhei para as duas crianças, e o meu coração ficou junto do coração delas. Eu deveria ter pego as duas e levado para a minha casa, mas não fiz isso. Sabe por que não fiz? Por causa dos outros: "Rubem Alves: pedofilia. Está levando crianças para casa". Você nunca imagina o que as pessoas são capazes de falar! Fui para casa com aquela dor...

É a questão de dor! Isso que você falou tem a ver com essa capacidade – nem sei se é capacidade – ou com esse imperativo de sofrer ao pensar no sofrimento da outra pessoa. É aí que surge esse sentimento de conviver: não posso fazer nada que possa ferir ou magoar outra pessoa. Não sei, honestamente, se as escolas têm pensado sobre essa questão, se têm se dedicado a ela. Conheço uma escola que faz isso: é uma escola em Portugal chamada Escola da Ponte. Lá, as crianças fazem isso.

Celso – Concordo inteiramente, nem poderia ser diferente. E parto de um princípio muito simples: o sentimento de amizade em relação aos colegas da classe é inato? Não, não é.

Ninguém nasce predisposto a fazer amizade com esta ou aquela pessoa. Se não é inato, é aprendido. Se é aprendido, deveria ser aprendido na família e na escola. Infelizmente, o papel da família hoje está se transfigurando muito. A emancipação da mulher geralmente afastou-a do crescimento dos filhos. Hoje ela trabalha tanto quanto o marido.

Então, de repente, sobra para a escola um papel que deveria ser dos dois. A escola está cumprindo esse papel? Há, no projeto pedagógico desenvolvido, momentos específicos para se trabalhar a amizade, a solidariedade, o companheirismo, a inclusão no sentido mais amplo dessa ideia? Não a inclusão apenas do diferente, do deficiente, mas a inclusão do outro, esse convívio de que você fala, Rubem. A escola faz isso?

Você é muito mais feliz do que eu porque conhece uma escola que faz isso. Fiquei sabendo dessa escola a partir da leitura dos seus livros, Rubem, e do livro do **José Pacheco**, mas nunca estive lá. Então, não conheço nenhuma escola que faça isso. Não estou afirmando que não exista, pode até existir. Mas uma escola em que o tema amizade se sobreponha a temas como o máximo divisor comum, as capitanias hereditárias, o ciclo da água, não conheço nenhuma. Gostaria muito de conhecer, porque não posso, em momento algum, colocar em dúvida a importância de aprender esses conceitos e o processo de aceitar o outro em si, como você diz, de colocar o meu coração ao lado do coração daquela pessoa que vejo sofrer. E também esse outro traço que você ressaltou e que é muito importante a escola trabalhar, de não tomar determinadas atitudes, às quais minhas emoções me induzem, por medo do que os outros poderiam pensar de mim. Essa realidade tem de ser trabalhada. Creio que esse processo de mudança atual é uma excelente oportunidade para que a escola reflita sobre isso. Não apenas dizer que vai fazer, mas até dizer de que maneira isso pode ser feito para servir de exemplo a outras. Porque, realmente, discutir a essencialidade disso é impossível. Então, vamos discutir seu aspecto prático, a forma de trabalhar tudo isso.

Mas volto a repetir: não acredito muito nos discursos pseudopedagógicos que dizem que "dentro da nossa escola isso é relevante, faz parte de nossos objetivos", se isso tudo não puder ser identificado num momento concreto da aprendizagem, como se traduz num momento concreto o ensino de A ou B. Em qualquer escola em que eventualmente estejamos, se quisermos saber em que momento está previsto o ensino, por exemplo, da extração da raiz quadrada, o professor consulta a sua programação e diz. Eu queria encontrar essa mesma clareza em relação aos muitos momentos em que solidariedade, compreensão, amorosidade e sobretudo isso de sentir o outro em si são trabalhados. Não conheço ainda uma escola assim, que coloque isso em prática.

Rubem – Celso, quero parabenizá-lo pela clareza do seu pensamento. É muito bom ouvi-lo falar. Você é um grande mestre. Agora, quero só fazer um comentário: acho que, se uma escola começar a ter momentos para ensinar essas coisas, vai haver um grande protesto. E quem vai protestar são os pais.

Os pais, frequentemente, pensam que educar é preparar os filhos para o vestibular. Mas educar tem a ver com a formação de uma pessoa, a educação da sensibilidade. Muitos pensam que educar é aprender o MMC, o MDC, as causas da Guerra dos Cem Anos, mas aprender sensibilidades... de jeito nenhum.

Celso – Eles não sabem o que é isso.

Rubem – **Bernardo Soares** falava sobre a necessidade da educação das sensibilidades. Quando é que esse tema é desenvolvido? Qual é o horário reservado para esse ensino? Qual é a importância atribuída pela escola a esse aspecto da personalidade do indivíduo? Porque, se é realmente importante, deveria constar da programação; mas não, se essa importância aparece, é de modo acidental.

Celso – É verdade. E disso decorrem esses problemas todos dos quais o *bullying* é exatamente uma das versões. Quer dizer, a agressão, a violência, a sensação de falta de proximidade.

Em breve vou participar de um fórum sobre educação em que vão ser discutidos diversos temas. Há um momento previsto para a discussão do ensino da sensibilidade e o despertar do professor para essa sensibilidade? Não, não há. Então não se trata do pessimismo de não querer olhar, mas do pessimismo de buscar olhar e não ver. Muitas vezes ficamos pessimistas em relação à educação porque não vemos, no espaço doméstico e escolar, a valorização de aspectos que deveriam ser essenciais e preponderantes. O que é, afinal, mais importante: saber que Cabral chegou ao Brasil ou compreender qual o impacto de sua cultura em outra?

Rubem – Há muitos congressos cujo objetivo é atualizar os professores. Quando se pensa em atualizar, pensa-se em dar mais conteúdo. Já sugeri uma vez que houvesse um congresso só para essas "banalidades", por exemplo, um congresso só para poesia, ou só para as histórias pessoais; ou seja, dedicado àquilo que tem a ver com a educação da sensibilidade. Mas parece que isso não é bem recebido.

Celso – Seguramente não é. E isso acontece exatamente em razão do que você disse: porque os próprios pais não compreendem a importância dessa questão. É provável que perguntem em que momento se ensina a regra de três: "Eu quero ver aí no cronograma da escola em que momento o meu filho vai aprender logaritmos". Mas não vejo os pais dizerem: "Em que momento o meu filho vai aprender a acolher o outro em si, a levar o seu coração para perto daquela pessoa que está sofrendo? Em que momento ele vai se tornar mais, quer dizer, vai se tornar uma pessoa inteira?". Então, os discursos se distanciam muito da práxis. O discurso do educador muitas vezes não coincide com aquilo que se vê na radiografia da escola a cada instante, a cada momento, em quase todos os lugares.

Rubem – Há uma escola, se não me engano em São Paulo, que iniciou um programa especial: ela passou a tomar conta de uma praça. Então, parte das responsabilidades das crianças era limpar a praça, catando lixo. Um pai, indignado, protestou: "Não pago uma escola cara para meu filho fazer serviço de gari".

Celso – Tal atitude reflete esse tipo de pensamento que acabamos de apontar.

A ousadia de pensar

Rubem – Muitos pais atuam de tal forma que acabam por contribuir para formar filhos egoístas e individualistas, com frequência julgando-se o centro do mundo, os reis do lar, exigindo tudo para si mesmos, relegando os outros a um plano inferior.

Deixe-me dizer uma coisinha sobre isso que me veio à cabeça agora: há muitos anos escrevi uma crônica para lidar com conflitos entre casais: "Tênis e frescobol". Tênis: dois jogadores, duas raquetes, uma bola; base do tênis: tirar o outro da jogada, dar uma cortada. Frescobol: dois jogadores, duas raquetes, uma bola; objetivo: não tirar o outro da jogada. Fiz até uma brincadeira sexual: no tênis, a metáfora sexual é a ejaculação precoce, ou seja, o parceiro já dá a cortada, já teve o prazer, o outro que se arranje. O bom do frescobol é não ter fim: é vai e vem, vai e vem... Essa é a forma da convivência: nós estamos brincando juntos, uma brincadeira em que mais de uma pessoa está envolvida. A brincadeira de uma pessoa só, por exemplo, o jogo de quebra-cabeça, pode ser solitária. Acho gostoso. Mas armar quebra-cabeça junto com várias pessoas é muito mais gostoso, porque todos rimos muito.

Celso – Eu também gostaria, quanto a esse mesmo tema, de fazer uma reflexão a respeito da metáfora da criança como rei do lar. Quando fico pensando na figura do rei... O que é o rei em uma monarquia? Um rei tem muitos papéis. Um deles, não sei se costuma ser exercido, consiste em compreender seu povo, em compreender sua gente, em se colocar, como no período medieval, à frente do seu povo para defendê-lo e procurar criar todas as condições para que esse povo se sinta bem. Outro papel do rei é julgar, decidir. É mandar, é executar. Nessa metáfora em que a criança é o rei do lar, fica esquecido muito desse rei solidário, companheiro, participativo, integrado, e se evidencia aquele rei que proclama "eu mando, eu faço o que eu quero". Assim, muitas vezes, quando um pai diz: "Ele é o rei do lar", raramente está emergindo a ideia daquele rei que se entrega porque seu desígnio de rei o faz servo de seu povo. O que vem muito mais é aquela imagem do rei "que manda, que faz, que executa". Então, quando esse reizinho chega à escola, descobre que, na sala de aula, não pode fazer aquilo que faz na sala da sua casa. E aí começam as dificuldades. A escola precisa trabalhar essa questão, mas geralmente é muito difícil nós percebermos quando e como ela o faz.

Rubem – Você já escreveu sobre isso, Celso? Acho que é a terceira vez que, nesta conversa, eu lhe faço esta pergunta, mas isso é porque esta é a primeira vez que ouço alguém falar sobre a imagem do rei da forma como você fez. Até hoje sempre pensei no reizinho como o mandachuva, autoritário, que pensa que é... O indivíduo que tem o rei na barriga...

Celso – Não, nem sei se antes já havia pensado sobre isso, mas a conversa nos ajuda a divagar e faz surgir novas ideias. A questão é como a escola pode ajudar a criança a absorver a ideia de que a valorização do coletivo não pressupõe a perda da individualidade; ajudá-la a chegar a essa compreensão.

Fui diretor de uma escola em que havia uma professora, Maria Aparecida, que eu admirava demais. Ela era uma excelente professora de matemática: cumpria corretamente o seu programa, o seu planejamento anual, atualizava seu diário de classe e coisa e tal. Porém, na última aula do mês, ela não ensinava matemática. Os alunos já sabiam disso. Ela até corria um bocadinho com o programa porque, naquela última aula do mês, ela entrava na sala e sua primeira atitude era dividir os alunos em grupos. Aleatoriamente: grupo verde, amarelo, azul, vermelho, branco... Aí, a Maria Aparecida interpretava durante alguns minutos um dilema que, como avisava antes, era fictício, mas muito contextualizado na realidade do aluno. Por exemplo, o dilema daquela menina que quer ser moderna, que quer ser aceita pelos amigos, que quer ter a respeitabilidade do grupo e, então, resolve "ficar", mas, ao mesmo tempo, quer obedecer aos pais, aos avós, às pessoas que têm seus valores e pedem que ela espere. Ou o dilema da menina que ama sua amiga, mas percebe que ela está enveredando para o caminho das drogas. Ela já tentou aconselhar a amiga, que não lhe dá ouvidos. Então ela fica dividida: "Conto para a diretora? Perco minha amiga, mas quem sabe eu a salvo? Ou eu sou amiga da minha amiga e não conto, mesmo sabendo que ela vai por um caminho que talvez não tenha volta?". Tendo proposto alguma situação assim para a classe, a Maria Aparecida pedia ao grupo: "Debatam". O que deveria fazer a garota? Que posição deveria assumir? Qual é a correta? E, como não deixava transparecer nenhuma possível solução ou resposta na situação que ela apresentava, os alunos discutiam enquanto ela percorria grupo por grupo: "Olhe, você está falando pouco, fale um pouco mais, eu queria ouvir seus argumentos"; "Você, deixe seu colega participar também", e assim por diante. Quer dizer, ela fazia com que o tema se transformasse num assunto grupal. Depois de uns 10 minutos, tendo percorrido os grupos e absorvido parcialmente o teor das discussões, ela fazia um traço vertical na lousa e, de um lado, alinhava, com poucas palavras, os argumentos favoráveis a uma posição; do outro, a posição oposta. E mostrava o caráter polêmico da questão, como a classe havia se dividido naquelas posições possíveis.

A seguir, ela procurava incorporar durante alguns minutos a postura de um "advogado" defendendo a causa de um lado e, depois, com igual paixão, defendendo a causa do outro lado. Quando a aula ia chegando ao fim, os alunos estavam ansiosos: "Dona Maria Aparecida, o que fazer? O que é o certo? Qual é o caminho?". E ela dizia: "Mas em nenhum momento eu pensei em dizer isso para vocês. Minha tarefa aqui não é decidir por vocês. O que estou querendo é que vocês pensem em algumas coisas. Primeiro, que toda causa pode sempre ser analisada de diferentes perspectivas e, segundo, que qualquer decisão é muito complicada, porque deve contemplar os dois, ou mais, ângulos da questão. Então, meu trabalho aqui não é dizer A ou B, mas levar vocês a discutirem". Quando lhe perguntavam "Ah, mas você não vai falar a sua opinião?", ela respondia: "Não, não vou. Porque não é minha opinião que importa. Eu estou querendo ajudar vocês a pensarem". Terminada a aula, os alunos continuavam discutindo, debatendo. No dia seguinte, ela chegava, dava sua aula de matemática e não voltava a tocar no assunto, senão depois de um mês.

Então, fico pensando... Claro, há inúmeras maneiras de ajudar as crianças a pensar, a chegar a novas compreensões, mas uma das maneiras de agir talvez implicasse a coragem de dizer: "Hoje não sou a professora de matemática, ou de história, ou de qualquer outra disciplina. Hoje vou ajudar vocês a pensar, ajudá-los a opinar".

Lembro-me de um dia ela me contar que, passados os anos, já era uma professora idosa e "às vezes, professor, estou num *shopping* e um aluno vem e me abraça: 'Dona Maria Aparecida! As suas aulas mudaram a minha vida'. Às vezes alguns até comentam: 'eu também gostava da biologia que você ensinava'. Refletia então: Mas eu nunca ensinei biologia! Os saberes conceituais que ensinei, desses, eles não se lembram mais. Eles nem se lembram que professora eu era. Mas aquela última aula de cada mês...".

Então, veja, eu não seria ingênuo a ponto de dizer que essa seria a metodologia ideal. Eu quis apenas dizer que há caminhos, há oportunidades, quando se tem essa ousadia de que você, Rubem, fala com muita propriedade e expõe muito bem nos seus trabalhos: a ousadia de permitir que o professor faça tentativas diferentes, busque, enfim, tenha a angústia e encontre, com sua experiência, os caminhos, as estratégias para educar. Vale perguntar: o que os alunos da Maria Aparecida "perdiam"? Vamos dizer, oito aulas de matemática num ano, as quais seriam repostas depois em apenas duas aulas.

Mas... O que ganhavam?

A ousadia de pensar. A tortura do dilema e o bom senso em uma busca de solução. Então, acho que existem caminhos. É preciso coragem para percorrê-los. Lembrei-me da Maria Aparecida.

Rubem – E não se lembrou das outras.

Celso – Mas não as esqueci também. E acho, Rubem, que numa sala de professores talvez até possam emergir novas ideias: "Vou tentar isso", ou "Vou tentar aquilo". Por isso vejo esse caso de modo muito otimista. Quer dizer, não foram buscar um professor ou um orientador em algum outro lugar, ela era uma professora da casa. Se você fosse lá em qualquer dia que não fosse o último dia do mês, lá estava ela com seu giz na mão, explicando, trabalhando com os números e tal. Mas naquele último dia do mês ela se transfigurava, principalmente no exercício daquela difícil posição de isenção. Porque os alunos ficavam elucubrando: "Ah, eu acho que ela é mais isso, ou mais aquilo". E ela procurava ser isenta: "Não, não estou aqui para defender uma posição. Claro que eu tenho, como pessoa, como mulher, a minha posição. Mas aqui não importa. O que importa é levá-los a refletir sobre posições antagônicas que possam aparecer".

Então, há caminhos quando se tem a coragem de ousar e quando se conta com coordenadores, diretores, gestores, supervisores que permitam essa ousadia. Porque outro diretor de alguma outra escola poderia dizer: "Não, senhora. A senhora foi contratada para dar aula de matemática. A senhora está matando aula. Vou dispensá-la, ou vou adverti-la, ou, talvez, descontar do seu salário, porque a senhora está matando todo mês uma aula". E, realmente, no sentido lato do conteúdo conceitual, ela estava "matando" aula, mas os alunos ganhavam muito com aquilo. Então, há experiências assim que são gratificantes.

O papel da literatura

Rubem – Perder, ganhar, escolher... Desde pequena, a criança vai lidar com essas questões. Se escolhe uma coisa, tem de deixar outra de lado. Ganha de um lado, perde de outro. Às vezes pode escolher, às vezes não. E sofre, e chora, manifesta a sua dor. A escola ensina a lidar com isso?

Lembro-me de uma experiência que tive com minha filha. Ela tinha três anos de idade, era cedo ainda, seis horas da manhã. Ela entrou no meu quarto, chegou até o meu lado, me acordou. Abri os olhos e disse: "O que é, Raquel?". Ela olhou para mim e perguntou: "Papai, quando você morrer, você vai sentir saudade?". Eu fiquei assombrado, porque percebi que ela estava pensando sobre a perda fazia tempo. Aquilo não tinha sido um pensamento repentino. Ela estava "chocando" aquela ideia e houve um momento em que ela não conseguiu lidar com sua dor e veio me questionar. Eu fiquei mudo, não sabia o que fazer. Aí ela disse: "Papai, não chora porque eu vou te abraçar". Ela sabia que não havia remédio. Havia uma dor da saudade e da perda, mas ela tinha um pequeno consolo para oferecer.

Acho que isso se aplica a todo tipo de perda, porque é precisamente isso. Estamos falando sempre de criança, criança, criança. E não falamos sobre estas duas crianças que estão aqui, das crianças que temos dentro de nós. Tenho sofrido demais com a consciência de que vou perder o mundo... Ou de que o mundo vai me perder, não sei. Como é que eu vivo isso? Dizem que a maneira de você lidar com a perda é substituí-la pela intensidade: eu não posso ir àquelas duas festas, mas vou viver intensamente uma delas, aquela que eu escolher. Mas isso não elimina a sensação da perda. Há certas coisas na vida para as quais não há solução. Mas a gente pode, quem sabe, chorar. Eis aí uma coisa que não se ensina na escola: a chorar.

O Pacheco, diretor da Escola da Ponte, costumava ficar perambulando pelas dependências da escola. Ele me contou que estava andando pela escola e deparou com uma menina chorando. As crianças lá na Escola da Ponte podem fazer o que quiserem. Aquela garota não estava disposta a assistir à aula e foi chorar. O Pacheco perguntou: "Por que você está chorando?". "Ontem à noite, meu pai e minha mãe brigaram muito e meu pai foi dormir na sala. Estou com muito medo de perder o meu pai e a minha mãe", foi sua resposta.

Isso não consta do programa, mas está na alma da criança. Uma criança que está sofrendo, não tem como aprender. Ou se ela está com medo. É o que acontece nos casos de *bullying*. Se o indivíduo está com medo, não tem jeito de aprender. Então, essa é uma coisa dolorosa, faz parte da vida e para ela não há consolo. Não há.

Talvez uma forma de remediar isso é recorrendo à literatura. A literatura é um remédio maravilhoso. A pessoa entra no mundo da literatura – é outro mundo – e passa a viver experiências que nunca teve; aliás, só pode ter porque entrou em contato com o que está escrito no livro... Ela se identifica com o personagem, vive a experiência dele. Então, ela pode conseguir superar a dor e a perda vivendo a superação da dor e da perda numa outra pessoa.

Celso – Penso exatamente dessa forma. Li uma vez, não sei precisar exatamente onde, que no Japão um dos temas mais cuidadosamente trabalhados nas séries iniciais (ou na educação infantil, não me lembro bem) é a morte. Mas não essa morte ocidental, geralmente apresentada de maneira horrorosa e medonha, essa caveira armada de alfanje para ceifar vidas. Não. É a morte da natureza. A criança vai a um jardim onde encontra folhas mortas, e ali fica sabendo que é preciso que a semente morra para que nasça a árvore. Então, ela é levada a encarar a morte dentro de um processo de continuidade e sustentabilidade, e não da maneira como normalmente é vista no Ocidente.

Talvez se devesse, na educação infantil, trabalhar esse aspecto, mostrando para a criança que o morrer não é aquela tragédia excepcional que colhe a pessoa num determinado momento e leva ao desespero, mas é aquilo que está acontecendo, por exemplo, neste jardim em que estamos conversando. Num lugar como este uma porção de coisas mortas, que estão espalhadas no chão, uns dias atrás estavam vivas. Foi necessário, porém, que elas morressem para que outras nascessem.

Eu me lembro de um trecho de um poema de **Manuel Bandeira**, "O homem e a morte",[*] em que ele descreve com muita precisão isso tudo. Ele está deitado no leito, velho, doente, cansado, quando ouve bater à porta e pergunta quem é. E aí vem a resposta: "A Morte sou". E ele, claro, presumiu que ela viesse buscá-lo. Aí ele descreve em seus versos a transformação da imaginação que ocorreu. Então, ele imagina aquela figura armada de foice, de alfanje, com aquela túnica negra, que levou sua mãe, que levou a sua amada e ele se encolhe no leito; mas quando, curioso, abre os olhos, o que vê é outra imagem, como o poeta fala:

> *Figura toda banhada*
> *De suave luz interior.*
> *A luz de quem nesta vida*
> *Tudo viu, tudo perdoou.*
> *Olhar inefável como*
> *De quem ao peito o criou.*
> *Sorriso igual ao da amada*
> *Que amara com mais amor.*

Eu creio que nessa poesia ele retrata um pouco essa maneira talvez oriental de encarar a morte. Trabalhar a perda é difícil porque ela está muito ligada à ideia da morte. E a nossa

---

[*] Em *Poesia completa e prosa*.

ideia da morte é a do flagelo, da tragédia, do desespero. Quando não, ela é parte da rotina. Claro que meu neto ficou muito triste porque o Brasil perdeu a Copa do Mundo! Mas é preciso que exista a tristeza de uns para haver a alegria de outros. Eu lhe disse: "Os holandeses estão felizes da vida... Agora, eles estariam tão tristes quanto você se nós estivéssemos festejando". Então, vamos encarar a perda com essa relatividade. Acho que esse ensino faz muita falta para essa escola que se pretende, naturalmente, transformar.

Rubem – A propósito do poema do Manuel Bandeira, eu me lembro do finzinho do poema do **Vinicius de Moraes** chamado "O haver":[*]

> *Resta esse diálogo cotidiano com a morte, esse fascínio*
> *Pelo momento a vir, quando, emocionada*
> *Ela virá me abrir a porta como uma velha amante*
> *Sem saber que é a minha mais nova namorada.*

Celso – Realmente, acho que trabalhamos muito mal esse tema, inclusive dentro de nós mesmos. Como você diz, Rubem, ao lado do sentimento "o mundo vai me perder", grita mais forte "eu vou perder o mundo". E aí, sim, penso na literatura como remédio, como salvação. É vivenciar em outras

---

[*] Do livro *Para viver um grande amor*.

pessoas, nas personagens, aquilo que se perdeu. E quem gosta realmente de ler não é uma figura passiva diante do livro. Às vezes penso que fui soldado da legião romana, ou fiquei empurrando aquelas pedras para fazer as pirâmides do Egito.

Rubem – Lendo o livro *Shogun* eu cortei a cabeça de muitas pessoas com a minha espada de samurai. E assim, tranquila e pacificamente, lendo um livro, realizei meus impulsos sinistros.

Celso – E como conseguiríamos ter essas e tantas outras vidas senão por meio da literatura?

Rubem – Vou lhe dar de presente um livrinho que escrevi sobre a morte. Ele se chama *O medo da sementinha*. É a estória de uma semente de paina. Ela está bem quentinha lá dentro daquela vagem e, de repente, escuta um barulho! E aquele berço de algodão vai se abrindo, vai se abrindo, e ela descobre que ela está aberta para o mundo. No início, é o terror; ela sente aquilo como se fosse a morte, pois está saindo do quentinho, do conhecido... Ela não sabe que está nascendo.

Enfim, é isto: a salvação é a literatura. Talvez nós estejamos falando o tempo todo sobre a mesma coisa: como transformar as crianças, como ajudar as crianças, como é que a gente faz isso? É a literatura que nos ajuda. "No princípio, era o Verbo."[*] A

---

[*] Evangelho de João, capítulo 1, versículo 1.

literatura é uma maneira de nos integrarmos à humanidade: às vezes estamos no Japão, às vezes no século V, ou podemos ir para o futuro. Podemos viver coisas que não seriam cabíveis numa única vida; precisaríamos de milhares de vidas.

Celso – Aceito, com imensa ternura, o carinho de sua oferta. Agora, jogar o livro na mão da criança não vai levá-la a gostar de literatura. Às vezes há muita confusão com relação a isso: o prefeito da cidade tal vai fornecer uma mochila com tantos livros para aquelas crianças. Tudo bem, é melhor do que não fazer nada. Mas é preciso que haja também aquele professor apaixonado pelo livro para trabalhar aquele material, para despertar a criança para seu encanto, levando-a a se apaixonar pelo livro também. Veja, o que se deu foi um atributo, um recurso material. Então, é o que eu digo: o livro está chegando às escolas, mas será que junto com esse livro também está chegando aquele mestre que desperta paixão pela leitura? É aí que eu acho que se tem que trabalhar muito.

Rubem – Celso, essa questão de ensinar as crianças a ler me trouxe à lembrança uma notícia que vi na televisão, em que se dizia que é preciso criar "o hábito da leitura". Pelo amor de Deus, jamais criar hábito da leitura! Hábito é escovar os dentes, usar fio dental, cortar unha. O que é preciso é criar o amor pela leitura. Como criar o amor pela leitura? Fala-se demais sobre essa incapacidade das crianças e dos adolescentes de ler, mas cabe aqui a pergunta: como aprendemos a gostar de música?

Aprendemos a gostar de música ouvindo música. Temos que ouvir música! Como aprendemos o gozo da leitura? É preciso ouvir! O primeiro ato da leitura não é o ato do olho, mas do ouvido. Depois que se ouve bem, começamos a ver bem. Seria necessário, então, que houvesse professores que lessem para as crianças, e não que simplesmente lhes pusessem nas mãos um livro, porque elas não sabem o que fazer com ele. A criança não sabe ler. Ela sabe juntar as letras e juntar sílabas. Mas ler? De que adianta ler simplesmente uma palavra após a outra, deixando de lado o sentido, a compreensão, o ritmo, a rima, a pausa, a entonação, a emoção? Um poema belíssimo pode ficar árido e incompreensível dependendo da leitura que se faz. Por exemplo, este poema da **Cecília Meireles**, "O rei do mar". Posso ler as palavras que ela disse: "Muitas velas muitos remos âncora é outro falar tempo que navegaremos não se pode calcular vimos as Plêiades vemos agora a Estrela Polar muitas velas muitos remos curta vida longo mar". Falei todas as palavras que a Cecília escreveu e arrasei o poema dela. Mas posso, ao contrário, ler o poema para você ouvir, colocando nele meu sentimento. Vagarosamente, como no adágio da sonata ao luar:

Muitas velas. Muitos remos.
Âncora é outro falar...
Tempo que navegaremos
Não se pode calcular.
Vimos as Plêiades. Vemos

Agora a Estrela Polar.
Muitas velas. Muitos remos.
Curta vida... Longo mar...

Se houver um artista que leia para as crianças, elas vão gostar e vão aprender.

Celso – Isso vai facilitar seu estudo mais tarde, no ensino médio e em todas, absolutamente todas, as etapas da vida, pois elas vão levar a necessidade de ler, o amor pela leitura, para a vida toda.

O aprendizado da autonomia

Rubem – Celso, explique uma coisa para mim: o que é ensino médio? Sei que corresponde ao antigo colegial, científico. Mas qual é a diferença?

Celso – Na prática, são três anos em que o aluno se prepara para passar num exame vestibular. Na verdade, é isso ou pouco mais que apenas isso. Mas, teoricamente, deveria ser a fase em que ele começaria a aprender a organizar seu próprio aprendizado. É o momento em que se começa a fazer escolhas de acordo com aquilo de que gosta, em que essas escolhas começam a ser autorizadas pelo sistema de ensino. O jovem estuda porque pretende prestar o vestibular para entrar numa faculdade. A escola deveria ajudá-lo para que ele pudesse responder antes às suas necessidades pessoais do que às necessidades do mercado ou à vontade dos pais. Não sei se a escola consegue ajudá-lo a conquistar sua autonomia, não sei se esse objetivo é efetivamente concretizado. Entretanto, esse objetivo seguramente existe. Se isso é levado à prática em sala de aula, e com que intensidade, eu não sei. Contudo, o que o próprio Ministério da Educação e da Cultura propõem quando fala no novo Enem, em competências, em habilidades, tem por base aquela conhecida imagem de que é a hora de parar de dar o peixe e ensinar a pescar. Em outras palavras, é hora de se preocupar menos com as respostas e mais com o ensinar formas de procurar, pesquisar, aquilo que não se sabe.

Rubem – Você está dizendo que é hora de parar com o ponto de exclamação e passar para o ponto de interrogação.

Celso – Exatamente. E, às vezes, com a própria classe construir o processo de resposta. Um exemplo: "Professora, o que significa *sumário*?". Não se espera que ela dê a resposta, mas sim que ela diga: "Gente, ele perguntou o que significa *sumário*. Se eu tenho internet, como eu faço? Fale você; fale você também; agora, você...", assim, os alunos aprendem com seus colegas. Aqueles que sabem respondem. "Muito bem, mas e se eu não tenho internet? Quem pode me responder?", você entende? O professor vai estimulando a classe: "Ótimo. Recorremos à internet, ou buscamos a ajuda das pessoas. Mas e se eu não posso contar com a ajuda das pessoas, existem outros caminhos? Ah! os livros? Bom. E que tipo de livros?".

Então, veja, como você diz, Rubem, o que se está fazendo é colocar a interrogação, mas, ao mesmo tempo, colhem-se aqueles saberes, aquelas informações que o aluno tem. Quando a aula terminar talvez o aluno não saia com um conceito de sumário – não é importante que ele saiba naquele exato momento –, mas, auxiliado pelo professor, ele aprendeu com os colegas que tem onde buscar, como processar e contextualizar a resposta.

Rubem – O importante não é o ponto de partida nem o ponto de chegada. É a travessia. Isso é fantástico. Você sabe, é possível ensinar as três leis de **Kepler** sobre o movimento dos planetas em 15 minutos. Só que Kepler levou 18 anos para descobri-las! Saber a fórmula dos movimentos não tem a menor importância, os planetas vão continuar a girar do mesmo jeito. Mas o caminho que o Kepler trilhou – essa é a questão! O importante é aprender o caminho com os erros. Você segue o caminho. É preciso aprender o caminho do pensamento, e não a verdade final. E isso é o que não encontramos nas nossas escolas. Mesmo porque isso exige conhecimento da história do pensamento científico que, normalmente, os professores não têm.

Celso – Muito mais o raciocínio do que a fórmula. Essencialmente se ensina a fórmula. Quinze minutos, às vezes nem isso. Agora, essa longa travessia, o que é? O raciocínio, o pensar, aquele pensar aberto por meio do qual se vão eliminando opções, aquele jogo de xadrez mental que pode levar à resposta. O mais importante foi a travessia, foi a caminhada. E a própria vida é isso mesmo, não? Vale mais a caminhada do que a pousada à qual se vai chegar à noite. É durante a caminhada que se aprende a caminhar – como dizia **Antonio Machado**: "Caminante, no hay camino / se hace camino al andar". É importante que o aluno saiba que, fora da escola, vai encontrar criadores de hipóteses, filósofos, e esse exercício do caminhar terá sido útil em muitos aspectos. Sem dúvida, esses caminhos existem. Pena que eles sejam tão pouco buscados na rotina do dia a dia do professor.

Rubem – Porque é possível ao professor, se ele assim preferir, dar aula e ser professor sem pensar. Ele exerce sua tarefa pela repetição. E se ele não sabe pensar, não pode ensinar a pensar. Porque ele tem medo de errar e, para pensar, não se pode ter medo de errar.

Celso – É verdade; eu me lembro que, na faculdade, o grande sonho dos alunos – entre os quais eu me incluía – era descobrir um jeito de roubar o caderno de uma professora, pois aí nós ficaríamos sem aula. Porque o que ela fazia rotineiramente era abrir o caderno e ler. Então, pensávamos: "Se conseguirmos roubar esse caderno, vamos ter 150 minutos por semana livres, porque a mulher não dá aula. Ela apenas lê o que está ali". Provavelmente, após um tempo, ela havia decorado, não precisava mais do caderno (*risos*). O caderno em si já nem importava; estaria introjetado... Mas é exatamente isso: ela não pensava, ficava lá, repetindo. E quantos professores não são assim? Não vamos procurar identificar tal percentual, mas seguramente são muitos.

O *bullying* na escola

Celso – Há pouco falamos da importância de ajudar o aluno a assumir condutas éticas, de aprender a empatia, de ser sensível ao outro... Um problema que sempre houve, mas ultimamente está se intensificando – e não só na escola, mas em toda a sociedade –, é o *bullying*. E esse fenômeno tem tomado proporções enormes, sendo largamente difundido pela internet.

Rubem – E é pura covardia, porque o que se faz é escolher uma vítima fraca que se caracteriza por alguma marca: é gorda demais, ou tímida demais, ou tem sotaque diferente... Então, em torno daquela diferença, o vitimizador organiza a ação. E assim ele se sente mais forte. Não tenho a menor ideia da origem disso. Parece que há pessoas que têm prazer em amedrontar e fazer sofrer: "Vou te pegar na saída, viu?". Há diversos livros que relatam casos dramáticos de *bullying*.

Celso – Concordo inteiramente com você, Rubem. Penso que há determinadas atitudes anti-sociais – em qualquer contexto, não só na escola – que devem ser reprimidas. Isso é incontestável. Não posso imaginar que, estando no aeroporto, numa praça ou numa rua, aquela senhora despreparada, desorganizada, comece a espancar diante de mim uma criança e eu não faça nada. Não posso aceitar isso.

Se não posso intervir diretamente, tenho que buscar uma autoridade, um policial. Se não posso falar com ela – porque às vezes é uma pessoa mais forte do que eu –, pelo menos tenho que tomar uma atitude.

Quando estamos diante de uma situação de violência, não podemos aceitá-la passivamente, e uma medida intervencionista é indispensável. Mas temos que tomar muito cuidado porque não se resolve a violência pela violência, e se, de repente, eu violentar aqueles que estão praticando a violência, estarei simplesmente transferindo a ordem da força. Depois acabarei sendo violentado por aqueles outros que, de certa forma, irão em defesa daqueles que eu violentei. Então o caminho não é esse. Mas penso que, num primeiro momento, devemos considerar o seguinte: isso é intolerável, isso não pode ser aceito. Agora, vamos, ao lado dessas medidas repressivas, estabelecer maneiras de trabalhar a questão pedagogicamente. E sobre isso você já falou muito bem, Rubem, quando se referiu à necessidade de "levar o meu coração ao outro", ou seja, trabalhar a empatia, a aceitação integral do outro, com todas as suas peculiaridades, e trabalhar o que isso pode representar na convivência em sociedade.

Eu vi, em algumas escolas de São Paulo, uma experiência que eles chamavam de "Círculos Interativos", em que a base central da reflexão não era punir simplesmente, mas tentar minimizar, com algum tipo de ação, uma determinada falta.

Então, se, por exemplo, eu sou aluno e disser uma inverdade sobre uma aluna, colocando isso na internet, no *twitter*, no *blog* ou qualquer coisa assim, eu a feri. O problema não é que tipo de punição devo receber para pagar pelo mal que infligi, mas que medidas devo tentar tomar para minimizar o sofrimento da pessoa agredida. Enfim, o objetivo é estimular nos alunos a consciência de que, se eles causarem mal a alguém, devem encontrar uma maneira de procurar minimizar as consequências da dor, do sofrimento ocasionado, em vez de apenas aplicar uma sanção ao aluno que agiu mal. Eu ofendi, magoei uma pessoa; por exemplo, ela estava de moletom, conversando com as meninas, e, puxando o moletom, eu a expus ao ridículo, deixando-a quase despida. Fico três dias suspenso. Muito bem, sofri o castigo. Mas e a humilhação que aquela pessoa sentiu ali? Não fiz nada para remediar isso. Então, essa é outra forma de lidar com a questão: quando o agressor tem de encontrar uma forma de reparar o mal causado ao outro. E a melhor maneira de fazê-lo certamente é a partir de um bem que se faz àquele que foi atingido.

Considero esse procedimento muito positivo. Penso que uma omissão, por menor que seja, não pode ser aceita. Quando estamos diante de algo que unanimemente é reconhecido como um mal, isso não pode ser ignorado ou adiado. Agora, paralelamente a isso, é preciso encontrar um meio de trabalhar, de verificar, de conversar com os alunos, fazendo-os ver, fazendo-os sentir, ajudando-os a se libertarem desse sentimento de egoísmo que os leva, como você referiu anteriormente, a ter o rei na barriga, aquele rei prepotente, autoritário.

"Mas não é possível combater esse mal", é o que tenho ouvido, infelizmente; "são coisas de nosso tempo. Fazer o quê? Não houve uma época em que apareceu a sífilis? Ela acabou! Depois veio a Aids, que hoje está mais controlada...". Repudio com vigor essas desculpas esfarrapadas. Não podemos encarar isso como um processo de epidemia que passa, sem combate. É algo que temos de combater. Contudo, a solução certamente não está em castigar apenas, não é só punir os agressores, mas temos que encontrar maneiras de conversar, de trocar ideias. Por exemplo, podemos pedir aos alunos que apresentem propostas de como lidar com a situação e analisá-las junto com eles, para que possamos construir um ambiente de respeito ao outro. Senão a escola não será verdadeiramente escola.

Rubem – Posso contar uma história curtinha sobre a Escola da Ponte? Quando a visitei, fiquei impressionado de ver como funcionava a liberdade dos alunos. E perguntei: "Vocês não enfrentam o *bullying* aqui? Não existem os alunos de mau caráter?". Eles disseram: "Sim, mas para isso nós temos o tribunal". Fiquei curioso, quis saber mais: "Como é o tribunal?". Aí o Pacheco me explicou: "É um tribunal no qual o diretor e o professor não se envolvem. Quando um aluno desrespeita as leis que eles mesmos estabeleceram, é levado ao tribunal, que é constituído pelo presidente do tribunal, pelo advogado de defesa, pelo promotor, e assim por diante".

Ele contou que houve um caso lá de um aluno terrível que foi, então, levado ao tribunal. Já estavam nomeados o promotor e o advogado de defesa. Na hora de o promotor fazer sua exposição, ele fez um libelo contra o aluno. O Pacheco, que estava assistindo a tudo, disse para mim que, depois daquilo, pensou: "Esse aluno está completamente perdido". Foi dada a palavra, então, para o advogado de defesa, mas ele perdeu a fala e não conseguiu exercer seu papel. O presidente do tribunal nomeou um defensor *ad hoc*. Este argumentou assim: "Vocês são católicos, frequentam o catecismo. Lá o que se diz é que devemos amar as pessoas e fazer o bem àquelas que estão sofrendo. Este nosso colega está tendo problemas há muito tempo. Eu queria saber qual de vocês fez alguma coisa para ajudá-lo". Fez-se um silêncio total porque ninguém havia feito nada. E alguns começaram a chorar...

A partir de então, eles mudaram o sistema. Qual foi o sistema novo? Quando eles descobrem que um aluno está tendo problemas de *bullying*, de agressão, eles nomeiam uma comissão de quatro alunos aos quais chamam de "anjos". E os anjos são encarregados de estar por perto do menino agressivo; no momento em que este pretende fazer qualquer coisa contra um colega, os quatro anjos o cercam e o questionam. O resultado tem sido fantástico, porque os agressivos se sentem objeto da atenção e do cuidado de seus colegas.

Celso – Diante dos episódios de violência, não só de um aluno ou de um grupo de alunos contra um ou mais colegas, mas até mesmo de vandalismo contra a escola, contra as autoridades da escola, causando temor, aterrorizando, devemos lembrar que a escola não é uma delegacia de polícia. Não temos formação nem recursos materiais para lidar com isso. Não podemos dizer: "Bom, isso aqui é uma delegacia e, portanto, vamos anexar aos aposentos da escola o xadrez, onde ficarão detidos aqueles que cometeram determinadas infrações".

O nosso propósito essencial é educar. Então, se, de um lado, acredito que há certas atitudes que não podem ser toleradas, de outro, é necessário que haja reflexão sobre a maneira de trabalhar o tema e fazer dessas ocorrências uma oportunidade de desenvolver um trabalho pedagógico. Creio, Rubem, que isso que você está contando sobre a Escola da Ponte talvez seja um dos caminhos possíveis: fazer com que o próprio aluno se envolva assumindo posições, expondo suas opiniões. Fazer com que, na escola, ele não se veja apenas como um ouvinte, passivo, mas também como um ser falante, ativo, que tem voz própria e não precisa se manifestar apenas através das representações: "Ah, mas é o representante do grêmio que vem aqui falar". Então, seria necessário criar fóruns, dizer: "Olhe, aconteceu algo muito triste nesta escola. O que vamos fazer?".

Rubem – Thomas Hobbes, um filósofo considerado por muitos como maldito, dizia que não se consegue fazer uma sociedade com amor, só com o medo. As pessoas são criminosas e, segundo ele, deixam de ser criminosas se souberem que serão punidas. É importante levar em consideração uma característica da nossa sociedade (talvez, de todas elas): a impunidade.

Santo Agostinho, há 1.500 anos, escreveu palavras de clareza insuperável, mostrando a mistura que há entre a ordem baseada na justiça e a ordem baseada na violência. "Que são os bandos de ladrões senão pequenos reinos? Pois o bando é formado por homens; é governado pela autoridade de um príncipe; é mantido coeso por um contrato social; e os produtos dos saques são divididos segundo leis aceitas por todos. Se, pela inércia de homens fracos, esse mal cresce a ponto de se apropriar de lugares, estabelecer moradas, apossar-se de cidades e subjugar povos, ele passa a ter o nome de reino, porque agora ele realmente o é, não por dele ter sido eliminada a corrupção, mas porque a ela foi acrescentada a impunidade." Os bandos de *bullies* – não são eles pequenos reinos?

Celso – Voltando para aquela referência que você fez, Rubem, a agressão a um professor precisa receber uma resposta. Trata-se de uma situação intolerável, que não pode ser menosprezada. Em vez de se buscar na autoridade ou nas autoridades agredidas a solução, quem sabe seja o caso de chamar o conjunto dos envolvidos. Não apenas os agressores, mas todos os que convivem com eles, – no nosso caso, os alunos –, para dizer: "Estamos vivendo tal situação que é absolutamente intolerável. Queremos encontrar uma solução: de que forma isso pode ser reparado?". Mesmo que não venham respostas dessa assembleia, pelo menos ela vai suscitar a possibilidade de uma reflexão. Não estou pensando na importação direta desse modelo que você citou, Rubem, mas talvez a estratégia adaptada à realidade, adaptada às circunstâncias.

Fico muito preocupado quando percebo qualquer tipo de agressão, e minha primeira preocupação é identificar os dois lados: o agredido e o agressor. Uma vez identificados, depois da manifestação do lado do agredido, o lado do agressor poderia discutir a pena: "Vamos discutir tal fato, pois isso aqui não é tolerável nesta escola". Então, às vezes podem emergir caminhos que talvez levem a soluções impensáveis até aquele momento. Punir e agredir quem agrediu? Ou criar consciência de um mal que pode ser reparado?

Rubem – Celso, o que acontece é que o lado dos agredidos tem medo de fazer qualquer coisa. Tanto que, na televisão, quando são entrevistados, aparecem sempre encapuzados em razão do medo de serem identificados. Quer dizer, o tamanho da força de agressão é tal que as vítimas não têm coragem de denunciar, como é o caso, aliás, das mulheres vítimas de violência dos maridos. Elas passam anos apanhando porque têm medo de denunciar o marido e serem assassinadas.

Celso – E isso, de uma maneira ou de outra, se reflete na escola. Temos que buscar essas soluções, que encontrar esses caminhos, é preciso discutir o tema. Que bom que, ainda que estejamos longe das soluções, já ousemos discutir, não é verdade? Porque agora vivemos em uma época em que se pode dizer: "Eu não sei o que fazer". Sou de tempos em que nem se ousava dizer que isso era feito. Então, creio que desse espanto, dessa indignação, devem nascer caminhos norteadores e, às vezes, modelos, não para serem importados e implantados, mas para que sirvam de inspiração, para que gerem modelos próprios.

Rubem – Existe um enorme desrespeito pela instituição escolar, especialmente por parte de adolescentes, sobretudo nas periferias: "O que nós estamos fazendo aqui? Não estamos aqui para aprender nada, mas para conseguir um diploma. Eu não quero saber da escola, só quero ter o diploma". Desse modo, já não se vê aquele medo que existia antigamente, por exemplo, de ser expulso da escola. Eles não estão ligando se vão ser expulsos, porque, se isso acontecer, o diretor vai sofrer. O próprio diretor tem medo. A disseminação do medo é tão grande, é tão geral, que me sinto incapaz de pensar caminhos. E isso gera a tentação de apelar para a violência para resolvê-la.

Celso – Ontem recebi um desses *e-mails* que correm por aí que relatava um caso bastante polêmico, que me deixou muito em dúvida. Habitualmente, nem leio, não tenho tempo, mas ele relatava que em Cingapura foi implantado, tempos atrás, um governo responsável por extirpar todos os cânceres que a sociedade possuía – todas as formas de câncer. Tal governo agiu com extremo rigor, punindo severamente os infratores e criminosos. Concomitantemente a esse processo, houve também, por parte desses mesmos legisladores, uma preocupação de implantar práticas de aplauso e premiação a pessoas que agissem de acordo com essa nova ordem institucional. Ainda segundo esse *e-mail*, um senhor, provavelmente um turista, alugou um carro e saiu dirigindo. Quando chegou ao edifício em que estava morando, veio um policial, pediu-lhe um momento de sua atenção e disse: "Olhe, estamos acompanhando seu carro já há algum tempo. O senhor parou em todos os semáforos, obedeceu a todas as leis e estou dando aqui um bônus para o senhor que equivale a um tipo de prêmio pela sua conduta proba e ilibada, pelo seu respeito" etc. Ele recebeu então algo em torno de R$ 120,00.

Esse *e-mail* me fez pensar muito e me deixou em dúvida. Naturalmente, não por entender que havia ali uma solução, mas me pareceu interessante que, se por um lado se procurava reprimir o errado, por outro, havia o reconhecimento do que era bom, positivo, com um processo de premiação. Até discuto a premiação, não creio que o ideal seria um valor em dinheiro, um "pagamento". Mas me pergunto se, na escola, não estamos discutindo excessivamente o que fazer para punir e nos esquecendo de que também, muitas vezes, uma maneira de não punir é exaltar o que é positivo, o que é válido.

Lembro-me muito de uma professora com quem trabalhei, que, ainda recém-enturmada em seu grupo, corrigia provas na sala dos professores. Ao passar por ela, vi que havia riscado uma prova de vermelho do título ao rodapé. Preocupado com aquele rigor, eu lhe disse: "Professora, será que esse aluno errou tanto assim?". "Desculpe, professor Celso, ainda não conversei com o senhor, ainda não conheço muito bem as normas da escola, mas tenho o hábito de sublinhar o que o aluno acerta. Porque, quando leio um livro, sublinho aquilo de que mais gosto. Meu risco vermelho aqui não é sanção, castigo. É aplauso. Porque isto aqui está muito bom, é muito válido."

E fiquei pensando: punir, sim; corrigir, sim. Mas será que não estamos muito mais obcecados com a ideia da sanção do que propriamente com a ideia de que também o outro lado, o do elogio, deve ser praticado? **Chico Buarque** tem uma música, "Apesar de você", em que ele diz: "Você que inventou o pecado / Esqueceu-se de inventar o perdão". Não é uma questão de perdoar todos os culpados, mas vamos verificar se a escola também não poderia, da mesma forma que restringe, aplaudir. Porque é isso que você, Rubem, colocou muito bem: como aquele menino que entra no ensino médio e que quer se firmar vai reagir se, a cada nota alta que tirar, ele for alvo de gozação dos amigos? Se, em vez de castigos, ele receber elogios, talvez consigamos resultados diferentes.

Creio que teríamos que encontrar uma forma comunitária de elogiar, de aplaudir e de dizer: "A vida é essa". No jogo de futebol é assim: se você fez uma falta, vai ser cobrada a falta; mas se você fez o gol, vem o aplauso, a comemoração. Então, talvez, contrabalançar um pouco o aplauso e a vaia, quer dizer, não pensar apenas nas melhores maneiras de vaiar, mas lembrar também que há muitas formas de aplaudir.

Uma porta estreita

Celso – Da educação infantil, passando pelo ensino fundamental e médio, chegamos ao ensino superior. E aí, a meu ver, se estabelece um processo cruel e extremamente injusto: o vestibular. Um primeiro ponto é que o número de vagas em faculdades boas, idôneas e gratuitas (ou com mensalidades acessíveis) é absurdamente menor do que o número de alunos que precisam dessas instituições. Por essa razão existe a porta de passagem chamada vestibular. E, como sempre acontece quando uma porta é muito estreita e muitas pessoas desejam passar por ela, o desespero impera e não se evitam injustiças.

Dessa forma, o número de vagas faz com que os exames vestibulares – por mais lúcidos que pretendam ser, por mais coerentes que possam ser – em muitos casos se revelem cruéis. E são cruéis não porque sejam malpreparados, mas porque a realidade é o absurdo de poucas vagas para muitos anseios. Suponhamos que você e eu queiramos entrar, por exemplo, numa faculdade de medicina, ou em qualquer curso altamente procurado; se eu tirar, numa determinada prova, 7,12 e você, Rubem, 7,13, seguramente você não é melhor aluno do que eu; não é possível afirmar isso a partir dessa ínfima diferença na pontuação. No entanto, pode ocorrer que sua pontuação tão próxima da minha permita que você entre, ao passo que eu seja reprovado, não conseguindo entrar na faculdade. Isso acontece porque, claro, com 120 candidatos por vaga, o centésimo pesa. Como resolver esse impasse? Criar mais vagas? Ou fazer como na Argentina, que tem muitos alunos no primeiro ano e o funil seletivo não é para ingressar, mas ocorre ao longo do curso? Não sei. Você tem uma experiência acadêmica em nível superior muito mais longa e muito mais valiosa do que a minha, Rubem, e talvez tenha melhores propostas para resolver a questão, já que vive essa realidade, ou a viveu muito mais intensamente que eu.

De minha parte, é assim que analiso essa realidade. Quando vejo um adolescente se preparando avidamente para o vestibular, penso: "Meu Deus, que você tenha também muita sorte, meu filho". Porque não adianta ignorarmos o componente *sorte* quando é tão subjetiva a relação entre conhecimento e pontuação.

Rubem – Se eu fizer vestibular, não passo. Os reitores da universidade não passam. Você não passa. O ministro da Educação não passa. Por que os adolescentes têm de passar? E nós não passamos por quê? Não é porque sejamos burros, mas porque somos inteligentes. Porque a memória não guarda aquilo que não faz sentido. Aquilo que não faz sentido vai sendo descartado. *O aprendido é aquilo que fica depois que o esquecimento fez o seu trabalho.*

Quando a minha filha estava se preparando para o vestibular e tinha que saber as causas da Guerra dos Cem Anos, cruzamento de coelho preto com coelho branco, logaritmos (nunca entendi muito bem o que é isso!), e eu a via desesperada, eu lhe dizia: "Minha filha, você tem que aprender isso para passar, mas eu lhe garanto que dois meses depois você terá se esquecido de tudo".

Eu tive uma experiência na Unicamp. Fui nomeado presidente de uma comissão para selecionar os candidatos ao doutorado. Como se dava isso? Eram distribuídos com antecedência uma série de livros – são 50 – que todo mundo tinha que ler. No dia do exame, todos os candidatos estavam sentados no corredor com suas fichinhas. Eu, como presidente da comissão, conversei com meus colegas: "Queria propor, se vocês concordarem, que nós fizéssemos uma única pergunta para cada candidato". "Qual é a pergunta?" Eu lhes disse e eles concordaram. Então, entrava o candidato e eu, sadicamente, lhe dizia: "Fale-nos sobre aquilo que você gostaria de falar". Foi uma catástrofe! Uma candidata teve um surto psicótico e começou a falar sobre um livro marxista porque ela pressupunha que nós éramos ferozes marxistas e...

Celso – Ela queria agradar...

Rubem – Expliquei para ela: "Eu já li o livro, sei isso que você está falando, mas não sei o que você está pensando. Eu quero saber o que você está pensando". Não houve jeito, coitada, ela estava apavorada.

O que acontece frequentemente numa universidade é que o aluno desaprende a arte de pensar. E, para mim, um grande problema dos vestibulares não é a questão da passagem, da entrada, mas o que eles fazem com tudo o que vem antes. Porque, na verdade, é o espírito do vestibular que mata o espírito crítico que vem antes. Em resumo, são os professores que preparam os exames de vestibular que determinam o que vai ser feito no ensino fundamental e no ensino médio. Então, o vestibular determina o que é feito na educação brasileira. E depois, quando os alunos entram na universidade, eles vêm com uma esperança, com uma fantasia – veja a alegria que eles têm de raspar o cabelo... Eles permitem que lhes sejam infligidos atos de agressividade: "Que bom raspar o meu cabelo, passei na universidade". Na primeira aula o professor de química "promete": "Quero dizer que vocês comigo estão ferrados". Isso não é brincadeira não; é verdade. Seis meses depois, eles já estão contando o tempo para sair da universidade porque aquilo não faz sentido. Então, eu faço uma maldade; sei que não é uma atitude pedagógica, mas faço. Quando os alunos estão na avenida Brasil, em Campinas, parando todo mundo, todos pintados e pedindo dinheiro para uma festinha, eu paro, olho e digo: "Olhe, não tenho dinheiro trocado para lhe dar, mas tenho um conselho. Sou professor titular da Unicamp e meu conselho é este: Salve-se enquanto é tempo". Eles devem ficar pensando: "Esse professor é doido".

Aliás, uma coisa interessante: descobriu-se que, como a porta é muito estreita e muita gente fica de fora, o pessoal que fica de fora forma um mercado maravilhoso para os cursinhos "preparatórios". A educação é um mercado fantástico. Então, todo mundo, todos os pais fazem o maior sacrifício para os filhos entrarem para a universidade e, depois que eles se formam, o que acontece? Não há vagas porque tem mais gente diplomada do que campo de trabalho. Aí vão vender cachorro-quente.

Celso – Eu me lembro de uma passagem lida em um livro de **Conan Doyle**, muitos anos atrás. Trata-se de um dos primeiros diálogos entre Sherlock Holmes e Dr. Watson, na obra *Um estudo em vermelho*. Em determinado momento, Watson fala qualquer coisa relativa ao fato de a Terra girar em torno do Sol, e Sherlock Holmes demonstra desconhecer a teoria de Copérnico e diz então: "Você parece surpreso (...). Pois bem: agora que fiquei sabendo, vou fazer o possível para esquecer". Watson, indignado, não se contém: "Esquecer?!". Holmes explica então que, embora a informação fosse interessante, de nada lhe adiantaria para resolver crimes, que era, na oportunidade, seu principal objetivo.

Acho que essa passagem é muito coerente com o que você está dizendo, Rubem. Porque todo aquele volume de saberes brutais, para poder passar pela porta, em dois ou três meses é esquecido, pois geralmente é inútil ou não está relacionado ao curso escolhido. Serviu apenas como "peneira" para excluir muitos. Não se pode negar que os saberes acumulados no ensino médio podem ser essenciais para complementação dos estudos, mas não todos os saberes. De que serve para um cirurgião, por exemplo, saber que o Everest é o pico mais elevado da superfície do planeta? Assim, ensinar para passar no vestibular é um inútil adestrar para guardar fatos irrelevantes, saberes inúteis. De qualquer forma, é dessa maneira que se formam os profissionais e os professores de amanhã.

Rubem – Sabe, eu diria que a maioria do pessoal que está lá faz parte do grupo que fica esperando e não morde o chocolatinho. Tenho uma amiga que é professora de neuroanatomia, agora já aposentada, que certa vez me disse: "Rubem, quando estou lá explicando os problemas de neuroanatomia, sugerindo que pode ser isso, aquilo, ou ainda outro caso, sempre tem um aluno que levanta a mão – e é um dos mais bem colocados – e pergunta: 'Professora, qual é a resposta certa mesmo?'. Ele não entendeu nada. Ele acha que existe uma resposta certa mesmo. Isso é marca do vestibular. Mas quando você está lá, na dúvida, operando uma pessoa, você não vai questionar: 'Corto aqui ou corto ali? Como é que é?'".

Celso – Seja como for, ainda acho que, voltando ao princípio desta nossa conversa, algo como uma espécie de "residência" antes da diplomação do professor seria bem proveitoso. Claro que o nome não seria esse, mas a obrigatoriedade de um verdadeiro estágio. Não como os estágios de hoje, que são apenas documentos frios e vazios que se assinam, que se carimbam. Hoje em dia se fabrica no computador papel timbrado, compra-se carimbo e grande parte dos estágios são forjados ali mesmo. Tenho a impressão de que, se houvesse um mecanismo de só permitir o exercício da atividade depois de vivenciar um pouco a escola, tendo que dar aula em comunidades mais carentes, talvez fosse possível aprimorar um pouco o ambiente escolar.

Quando era diretor de escola e tinha que selecionar um professor de escola particular, ficava muito preocupado. Que ferramentas eu tinha? O currículo desse candidato era um papel que não me dizia nada, a não ser a relação dos títulos que ele conseguira, uma ou outra vaga palavra sobre sua experiência, mas aquele espaço de sala de aula, aquele chão de escola onde deveria atuar tinha tantas outras nuanças sobre as quais aquele papel nada me dizia...

E, às vezes, dois meses depois, eu constatava: "Contratei errado. E eram tantos os candidatos...".

Então, creio que teríamos que pensar numa forma de criar essa prática, de vivenciar essa experiência. Fico imaginando se um cirurgião, ao fazer sua primeira cirurgia, olhasse para um paciente na mesa e dissesse: "Olhe, nunca peguei um bisturi. Obrigado pela oportunidade que você está me dando de fazer esta cirurgia, porque vai ser o primeiro corte que vou dar na minha vida". Lindo para o lado dele, mas horrível para o lado do paciente.

Encontramos professores que dizem: "Dei uma aula brilhante, emocionante, empolgante. Os alunos não aprenderam nada, mas a aula foi brilhante". Imagine como seria a fala dos médicos em situação semelhante: "Fiz uma cirurgia admirável, maravilhosa. O paciente morreu, mas, tirando isso, foi tudo maravilhoso". Portanto, creio que deveríamos analisar profundamente a possibilidade real de fomentar a prática, antecipando o exercício de ensinar.

Bem, o propósito deste encontro não é ter respostas, mas levantar perguntas, não é Rubem?

Rubem – Pois é, e creio que o leitor não vai ter do que reclamar. Aí estão as perguntas.

Glossário

Bandeira, Manuel (1886-1968): Poeta, cronista, tradutor, biógrafo, jornalista e professor. Sua escrita é caracterizada pela simplicidade e pelo humor. O autor fez do verso livre sua marca e ocupou-se de temas ligados à família, à morte, à infância em Recife e aos indivíduos pertencentes às classes mais baixas. É um dos maiores nomes do modernismo brasileiro.

Buarque, Chico (1944): Um dos mais conhecidos compositores e intérpretes brasileiros, é também poeta e escritor. Teve papel importante durante a ditadura militar ao compor canções de protesto, como "Roda viva" e "Cálice". Como escritor, já recebeu o prêmio Jabuti três vezes: por seu primeiro romance *Estorvo* (1992), por *Budapeste* (2004) e por *Leite derramado* (2009).

Doyle, Arthur Conan (1859-1930): Escritor e médico britânico mundialmente famoso por suas histórias do detetive Sherlock Holmes – personagem parcialmente baseado em seu professor Joseph Bell. Sua primeira obra, *Um estudo em vermelho*, foi escrita quando ele ainda era estudante de medicina. Também é autor de novelas históricas, peças e romances, poesias e obras de não ficção.

Freire, Nelson (1944): Menino-prodígio de Boa Esperança, MG, está entre os mais conhecidos pianistas em atuação nas salas de concerto de todo o mundo e adquiriu prestígio que nenhum outro pianista brasileiro conseguiu nestes últimos 30 anos. Sua trajetória de sucesso como pianista começou aos quatro anos de idade, quando tocou a sonata de Mozart em A maior; aos cinco, apresentou-se em público pela primeira vez e aos oito tocou em um concerto de Mozart com a Orquestra Sinfônica Brasileira. Desde então, vem acumulando prêmios, dentre os quais se destacam o

Prêmio Internacional Viana da Mota em Portugal e a conquista de duas medalhas de ouro em Londres, Dinu Lipatti e Harriet Cohen.

Furtado, Celso (1920-2004): Bacharel em Direito e doutor em Economia pela Universidade de Sorbonne (França). Em 1962, no governo João Goulart, foi o primeiro ministro do Planejamento do país. Depois do golpe de 64, teve seus direitos cassados e foi exilado – morou algum tempo no Chile e depois nos Estados Unidos, onde foi professor. De 1986 a 1988 foi ministro da Cultura no governo José Sarney. Autor fundamental da realidade brasileira do século XX, sua obra mais conhecida é *Formação econômica do Brasil*.

Gandhi, Mahatma (1869-1948): Estadista indiano e líder espiritual, dedicou-se a lutar contra a opressão e a discriminação colonialista britânica. Desenvolveu a política da resistência passiva e da não violência. Liderou o movimento pela independência da Índia em 1947, mas acabou sendo assassinado por um antigo seguidor.

García Márquez, Gabriel (1928): Escritor e jornalista colombiano, figura central do movimento literário denominado *realismo fantástico*. Ganhador do prêmio Nobel de Literatura em 1982. Algumas de suas principais obras são *Cem anos de solidão* (1967), *Crônica de uma morte anunciada* (1981) e *O amor nos tempos do cólera* (1985).

Hobbes, Thomas (1588-1679): Filósofo e teórico político de origem inglesa, suas obras mais conhecidas são *Leviatã* e *Do cidadão*, ambas publicadas em 1651. Afirmava que a sociedade só pode viver em paz se todos pactuarem sua submissão a um poder absoluto e centralizado. Além disso, entendia que a Igreja e o Estado formavam um só corpo. O poder central teria a obrigação de assegurar a paz interna e seria responsável pela defesa da nação. Tal soberano – fosse um monarca ou um colegiado – seria o *Leviatã*, de autoridade inquestionável.

Kepler, Johannes (1571-1630): Astrônomo alemão, foi o primeiro a descrever precisamente as órbitas planetárias, afirmando não serem circulares, mas elípticas. Realizou também pesquisas e descobertas em óptica, física geral e geometria.

Machado, Antonio (1875-1939): poeta espanhol, nasceu em Sevilha e muito jovem mudou-se com a família para Madri. *Soledades*, seu primeiro livro de poemas (1903), alinhava-se claramente ao Modernismo, mas com uma tendência intimista que o libertaria dos aspectos mais externos desse movimento na revisão de 1907 (*Soledades, galerías y otros poemas*).

Meireles, Cecília (1901-1964): Poetisa, conferencista, tradutora e professora. Sua poesia, das mais puras e belas manifestações da literatura contemporânea, é marcada por um lirismo excepcional. A marca de sua obra é o sentimento da transitoriedade de tudo, que bem reflete sua compreensão das relações entre o efêmero e o eterno.

Mendes, Murilo (1901-1975): Poeta brasileiro natural de Juiz de Fora (MG), inicialmente filiado à corrente modernista, era irreverente e satírico. Converteu-se posteriormente ao catolicismo, passando a escrever poesia de acentuado caráter religioso.

Moraes, Vinicius de (1913-1980): Poeta, compositor, intérprete e diplomata brasileiro. Figura importante da bossa nova, compôs com Tom Jobim músicas como "Garota de Ipanema" e "Chega de saudade", símbolos de uma época. É famoso também por sua parceria com Toquinho, que durou 11 anos.

Nietzsche, Friedrich (1844-1900): Filósofo alemão, elaborou críticas devastadoras sobre as concepções religiosas e éticas da vida, propondo uma reavaliação dos valores humanos. Algumas de suas obras mais conhecidas são *A gaia ciência* (1882), *Assim falou Zaratustra* (1883), *Genealogia da moral* (1887) e *Ecce homo* (1888).

Pacheco, José (1951): Natural da cidade do Porto, em Portugal, é mestre pela Faculdade de Psicologia e de Ciências da Educação da Universidade do Porto. Foi professor do ensino fundamental, na Escola da Ponte, e do ensino superior. Membro do Conselho Nacional de Educação, atua ainda como pesquisador. É autor de vários livros, entre os quais: *Escola da Ponte, Sozinhos na escola* e *Para os filhos dos filhos dos nossos filhos*.

Pessoa, Fernando (1888-1935): Considerado o poeta de língua portuguesa mais importante do século XX. Em 1915, participou da revista *Orfeu*, que lançou o futurismo em Portugal. Sua única obra publicada em vida foi *Mensagem* (1934). Usava diferentes heterônimos para assinar sua obra. Os mais conhecidos são Alberto Caeiro, Álvaro de Campos e Ricardo Reis, cada um com estilos e visões de mundo diferentes. Já Bernardo Soares é um tipo particular dentre os heterônimos do poeta. Dizia Pessoa: "Sou eu menos o raciocínio e a afetividade".

Prado, Adélia (1935): Escritora e poetisa brasileira. Em sua prosa e em sua poesia são recorrentes os temas da vida pacata do interior: a mulher arrumando a cozinha, a missa, o cheiro do mato, os vizinhos, a gente de Divinópolis, cidade mineira onde a escritora nasceu. Várias vezes premiada, é autora de *Bagagem, A faca no peito* e *Contos mineiros*, entre outras obras.

Santo Agostinho (354-430): Bispo católico, teólogo e filósofo. Considerado pelos católicos como santo e doutor da Igreja, escreveu mais de 400 sermões, 270 cartas e 150 livros. É famoso por sua conversão ao cristianismo, relatada em seu livro *Confissões*.

Soares, Bernardo: Ver Fernando Pessoa.